Karl Lehmann

Passion, Tod und Auferstehung

Te Deum . wissen

Seid stets bereit, jedem Rede und Antwort zu stehen,
der nach der Hoffnung fragt, die euch erfüllt.

1 Petr 3,15

Karl Lehmann

Passion, Tod und Auferstehung

verstehen und feiern

VERLAG KATHOLISCHES BIBELWERK Stuttgart
ars liturgica BUCH- & KUNSTVERLAG Maria Laach

Inhalt

Ein Wort zuvor

Das kleine Buch ist in erster Auflage im Jahr 1975 erschienen. Durch die freundliche Aufnahme hat es in relativ kurzer Zeit drei weitere Auflagen erhalten (4.Auflage, Freiburg i. Br. 1979) und wurde auch in die italienische, polnische und spanische Sprache übersetzt. Es wird ergänzt durch weitere theologische Besinnungen in dem Bändchen „Jesus Christus, unsere Hoffnung“ (Freiburg i. Br. 1976, 2. Auflage 1979), übersetzt in Spanisch, Holländisch, Polnisch und Italienisch.

Ich danke dem Verlag Katholisches Bibelwerk in Stuttgart und der Ars Liturgica in Maria Laach für die Neuauflage unter dem Titel „Passion, Tod und Auferstehung. verstehen und feiern“. Der Text wurde durchgesehen, wofür ich meiner Persönlichen Referentin, Frau Dr. Claudia Sticher, herzlich danke.

Mainz, 20. Oktober 2013

Karl Kardinal Lehmann

I.
Passion und Kreuz

Die Herausforderung

Man kann die Gestalt Jesu Christi in unzähligen Spiegelungen und fast widersprüchlichen Bildern vor sich passieren lassen. Wir entdecken heute wieder ursprünglich die radikale Menschlichkeit Jesu: seine Nähe zu den Armen und Kleinen, seine unermüdliche Bereitschaft für den anderen, seinen tiefgründigen Blick für die geheimnisvollen Gleichnisse der Natur, die Forderung nach grenzenloser Vergebung, ein ursprüngliches Durchbrechen verkrusteter Gesetze und allzu menschlicher Gewohnheiten, die vorbehaltlose Hingabe seines Lebens für die Seinen. Dieser neue und lange Zeit verschüttete Zugang zu Jesus kann in seiner Bedeutung kaum überschätzt werden. Man darf nicht diese radikale Menschlichkeit Jesu herabmindern, um rascher zu seiner „Göttlichkeit" zu gelangen. Aus der uneingeschränkten Tiefe der Menschenfreundlichkeit Jesu leuchtet plötzlich seine einzigartige Herkunft von Gott wahrer und überzeugender auf.

Dies ist nicht die einzige Redeweise von Jesus Christus. Man sieht es bereits in dem Kontrast, den die Briefe des heiligen Paulus zu den eben gemachten Ausführungen darstellen. Er interessiert sich für das irdische Leben Jesu fast gar nicht. Alles fügt sich für Paulus in den wenigen Aussagen zusammen, dass er vom Weibe geboren, gekreuzigt und von den Toten auferweckt wurde. Der ganze Ertrag dieses Lebens scheint in der Rede von der Vollendung im Leiden und im Tod zusammenzuschießen. Aber ist diese „Synthese" und Summe seiner Existenz im Kreuz nicht eine unmenschliche Übersteigerung und eine unannehmbare Abwertung seines konkreten menschlichen Lebens und seines gesamten Auftrags? Wird durch diese fast ausschließliche Betonung von Leid und Tod nicht der volle Sinn der menschlichen Existenz Jesu Christi unverständlich und unnachvollziehbar?

Das unerbittliche Zeichen

Wir drücken uns schon lange um die wahre Bedeutung von Kreuz und Tod im Leben Jesu. Man kann die demütig-kämpfende Annahme des furchtbaren Leidens durch Jesus auch gegen ihren Sinn verwenden. Aber feige Schwächlichkeit und energielose Unfähigkeit, mit den Problemen unseres Lebens zu ringen und zurechtzukommen, dürfen nicht mit dem Zeichen des Kreuzes bestätigt und beruhigt werden. Das wahre Kreuz ist keine halbfromme Betäubung. Das Kreuz darf auch nicht als Ablenkung und Einflüsterung dienen, um irgendein Unrecht oder irgendwelches Leid zu rechtfertigen. Überall, wo vermeidbares Leiden im Namen des Todes Jesu Christi akzeptabel gemacht wird, wird der Sinn des Kreuzes ausgehöhlt. Jesu Kreuz und Leiden ist gerade das höchste Zeichen dafür, wie man der furchtbaren Realität in unserem Leben nicht ausweicht. Das Neue Testament besteht darauf, dass man das Kreuz nicht nur als die „enge Pforte" betrachtet, durch die hindurch man unser „Jammertal" nach kurzer Pein rasch überschreitet hinein in die selige Herrlichkeit. Manche Gebete und Kirchenlieder sind nicht ganz frei von solchen Deutungen. Das Markusevangelium und die Paulusbriefe halten jedoch gerade die *blei-*

bende Bedeutung des Kreuzes für den Christen in besonderer Weise fest: gegen eine übereilte und unbedachte Rede von der Erlösung, wo noch so viel Unerlöstes uns selbst und die Welt beherrscht; gegen eine die Realität überfliegende Schwarmgeisterei, die es auch im Bereich der Frömmigkeit gibt.
Überall wo „Religion" Wirklichkeit gern übermalen, Widriges in falscher Weise erträglich machen und die brutale Wirklichkeit umlügen wollte, steht für den christlichen Glauben das unerbittliche Zeichen und der harte Protest des Kreuzes. Die letzte Phase der Geschichte Jesu Christi verhindert, dass unser Glaube falscher Trost oder unwirklicher Rausch werden könnte – jedenfalls fordert er dies von uns.

Das Leid der Welt

Man kann auf viele Weisen dem Zeichen des Menschensohnes entfliehen. Kreuz und Leid, wie sie in seinem Licht erscheinen, bestehen nicht nur aus unseren Sorgen und aus unseren wehleidigen Klagen. Wir brauchen freilich unsere eigene Unzulänglichkeit, den vielfältigen Schmerz des Alltags und das Leiden an uns selber nicht zu verdrängen. Weder ist nur selbstbezogene Wehleidigkeit erlaubt noch heroisches Heldentum unbedingt notwendig. Wir brauchen nichts von dem, was uns bedrängt, abzuschieben. Lassen wir ruhig das ganze, das offenkundige und das stille Leid der Welt und der Kreatur vor uns kommen: das Weinen des Kindes, den Hunger von Millionen, die Absurdität immer wieder neuer Kriege, den unvorstellbaren Undank einmal versprochener und gebrochener Treue, den unbarmherzigen Neid im Konkurrenzkampf, die Kränkungen Armer und Wehrloser, die Ausweglosigkeit unheilbarer Krankheiten, die Untröstlichkeit über den Verlust eines geliebten Menschen, die Unfassbarkeit vor dem blindwütigen „Schicksal“: Ein Flugzeugabsturz, eine Explosionskatastrophe, ein Verkehrsunfall löschen in Bruchteilen von Sekunden das Leben von Vätern und Müttern, Ehegatten und Kindern aus.

Passionsgeschichte der Menschheit am Kreuz

Überall da ist Jesus Christus gegenwärtig. In allem ist er uns vorausgegangen. Im Grunde gibt es eigentlich nichts Menschenunwürdiges, das er nicht erfahren hätte: grundlose Verhaftung, Flucht der engsten Freunde, Verrat aus dem eigenen Kreis – durch einen Kuss, feige Verleugnung, unmenschliche Verhöre und grausam-sadistische Folterungen, falsche Anklagen, Meineide, Misshandlungen, Spiel mit dem Wehrlosen, Zynismus der Gewalt gegenüber dem Schwächeren, politisches Herumschachern zwischen Juden und Römern auf dem Rücken eines Unschuldigen, Diffamierung als Verbrecher und Krimineller, Verspottung, Verurteilung zum Tod, Zusammenbruch unter dem Kreuz, Lästerungen, gaffendgeile Sensationslüsternheit beim Tod eines Menschen, den Schrei der Gottverlassenheit ...

Wir stocken, wenn uns in der Schrift erzählt wird, Jesus sei zum „Fluch" geworden (vgl. Galaterbrief 3,13), zum Lamm, das der Welt Sünde trägt (vgl. Johannes 1,2.9). Aber ist es nicht doch schon in einem sehr konkreten und geschichtlichen Sinn wahr, dass er stellvertretend für die Vielen in die Bresche gesprungen ist? Überspringen wir nicht oft das Kreuz, insofern es den vielgestaltigen Inbegriff der Passionsgeschichte der Menschheit darstellt? Wer erkennt in Jesus und seinem Schiksal nicht den geschlagenen und geprügelten, zu Tode gehetzten und zusammengebrochenen Menschen? Die Verurteilung Unschuldiger, die innere Ohnmacht, grenzenlose Einsamkeit, das Ausgestoßenwerden aus der Gemeinschaft der Menschen, die ewigen Flüchtlingszüge der Menschheit, erbärmlich verlassen von den „Treuesten", Spott mit der Dornenkrone: „Ecce homo!": „Seht, was für ein Mensch! – Seht, was ist der Mensch?" Was bringt der Mensch alles fertig, und wie kann man ihn zugrunde richten!?

Offenbarung von Schuld

Das Geschick Jesu Christi mahnt noch an anderes. Es ist das Leiden des Gerechten. „Ich finde keine Schuld an ihm", sagt Pilatus nach mehrfachem Verhör (vgl. Johannes 19,6). Es geht hier nicht nur um das Mitleid mit dem Schwachen oder um Hilfe für den, der unter die Räder gekommen ist. Vielmehr wird im Blick auf Jesus trotz Einsicht in die Unschuld des Angeklagten Recht verletzt und Menschenwürde mit Füßen getreten. Seine Unbeirrbarkeit und sein unbestechlicher Anspruch irritieren. Das menschliche Denken und Wollen setzt fest, wo Gottes Möglichkeiten mit dem Menschen liegen. Er passt nicht in das Schema der gewohnten Welt. „Wir haben ein Gesetz, und nach diesem Gesetz muss er sterben" (Joh 19,7). Niemand, der ernsthaft das Gute will, hatte einen wirklichen Grund, ihn zu hassen. An Jesus und an seinem Leiden wird darum in hervorragender Weise so etwas wie Schuld offenbar. Angesichts dieses Gerechten zeigt sich das Übermaß von Gewalttätigkeit, Bosheit, Gemeinheit und Brutalität. Niemand ist davon ausgenommen. Natürlich kann man die Schuld an Jesu Tod – auch heute noch – auf die Juden schieben. Aber auch *wir* müssen uns fragen, wo *wir* schuldig geworden sind. Wir suchen so leicht andere, denen wir die Verantwortung aufbürden. Man entschuldigt sich höflich oder zuckt mit den Achseln: „Es ließ sich leider nicht vermeiden“, „Betriebsunfall“, „Sachzwänge“, man verweist auf unaufhaltsame Prozesse, auf „Schuld“ in der Vergangenheit. An Jesu Christi Bildnis kommt es zutage, dass auch wir selbst *Täter des Bösen* sind, jeden Tag. Vor seiner Passion zerrinnen alle unsere heimlichen und offenen Unschuldsbeteuerungen. Wir haben für alles Ent-Schuldigungen und Alibis gefunden.

Das Kreuz als Stachel der Geschichte

Das Bild des Kreuzes widerstrebt noch anderen Tendenzen. Wir sehen unsere Geschichte und unser Tun oft als großen „Fortschritt“ an. Nur gut, wenn er sich auch auf die Dauer als ein solcher erweist und bewährt. Aber wie oft unterschlagen wir die Opfer, die „auf der Strecke bleiben“, wollen nichts mehr wissen von den Wunden, die noch ungeheilt sind, wehren uns, die Nachtseite unserer Fortschritte in Erinnerung zu bringen: die Enttäuschten, die Opfer und die Toten. Die Gesellschaft, die so sehr auf ihren Fortschritt baut, verheißt emphatisch das künftige Glück der Enkel und vergisst vergangenes und gegenwärtiges Leid. Aber sind Geschichte und Geschichtsschreibung nur die Dokumentation des Erfolgs, der Rücksichtslosigkeit der jeweils Stärkeren, des Glücks der Durchgekommenen und des Vergessens derer, die nicht siegten? Das Bild des gekreuzigten, ungerecht zermarterten und hingerichteten Menschensohnes bringt dieses stille und oft sprachlose Leid in lebendige Erinnerung: das Klagen der unschuldigen Kinder von Betlehem, der in den Gaskammern des Nationalsozialismus Ermordeten und der heute vor Hunger Sterbenden.

Namenlose Kreuzträger

All dies gehört auch zu unserer Weltgeschichte, jedoch werden diese kleinen und großen Geschichten von Kreuz und Leid dort nur nebenbei oder gar nicht erzählt. Aber unzählige Menschen haben die schwierige Wirklichkeit ihres Lebens und die unverdiente Not ihrer Zeit nur dadurch bestanden, dass sie inmitten ihres Leidens Mut und Geduld, die Schmerzen zu ertragen und das Unrecht zu überstehen, dem gekreuzigten Bruder Jesus und einem Blick auf sein Bild verdanken: Mitten in der verheerenden Plage des „schwarzen Todes", der Pest, haben die Christen oft ein großes Kreuz mit dem zerschundenen Leib des Herrn aufgerichtet. Er wurde ihnen ein so naher Bruder, dass sie ihm ein schwarzes, vom Pesttod gezeichnetes Gesicht gaben. Gefangene aller Art machen sich auch heute noch aus Stacheldraht ein schlichtes Kreuz, das sie stets mit sich führen und mit dem sie ihr Los ertragen. Dasselbe ist auch zu uns in unsere jeweilige Situation gesagt: „Wenn jemand mit mir gehen will, verleugne er sich selbst und nehme sein Kreuz auf sich und folge mir nach" (Markus 8,34).

Verborgener Sieg

Wir brauchen das Zeichen des Kreuzes. Die frühen Christen haben lange Zeit benötigt, um in ihm ein Symbol des Sieges zu sehen. Der Alpdruck, dass es das entsetzliche Denkmal eines Gehenkten war, hat dies lange verhindert. So Hässliches und Schändliches wagte niemand als „Kunst“ darzustellen. Dies änderte sich jedoch. Das Schandmal wurde zum Zeichen der Auferstehung, manchmal auch zur Trophäe des Triumphes. Es ist gut, wenn das Kreuz als Symbol des Sieges Jesu Christi im Osten oft mit den kostbarsten Edelsteinen geschmückt wird, aber es gibt auch das kleine und unscheinbare Kreuz, irgendwo eingeritzt, das Feldkreuz an den mühseligen Lebenspfaden der Menschen, das Kreuz im Sterbezimmer.

Wir brauchen dieses Zeichen, damit wir unsere volle Wirklichkeit sehen und annehmen: dass es Schuld, Trauer, Trostlosigkeit, Verzweiflung und gar den Tod unter uns gibt. Machen wir uns nichts vor über uns selbst. „Ecce homo!“: „Seht, welch ein Mensch – seht, was der Mensch ist!“

Dieses Bildnis allein gibt nicht bloß einen realistischen Blick für das Widerwärtige, das unüberwindbar Böse und das vom Menschen her untröstliche Leid, sondern gewährt auch Befreiung und Erlösung mitten in Schmerz und Tod: Er nahm die Schuld und die Sünde der Welt auf sich, stellvertretend für unsere ständigen Entschuldigungen und Fluchtversuche. Der Gerechte wurde dem Verbrecher gleichgemacht.

Die Treue Gottes

Wir brauchen jedoch die dunklen Gänge der Geschichte nicht zu fürchten, wenn wir Jesus folgen. Der Schuldschein ist endgültig an das Kreuz Jesu geheftet. Die Zuversicht des Gottesknechtes hat ihn nicht getäuscht: „Aber Gott der Herr steht mir bei; darum werde ich nicht zuschanden ... Nah ist, der mir Recht schafft; wer will mit mir streiten? Lasst uns zusammen vortreten! Wer will mit mir rechten? Er komme heran! Siehe, Gott der Herr hilft mir; wer ist da, der mich verdammen will? Sie alle zerfallen wie ein

Kleid, das die Motten fressen“ (Jesaja 50,7–9). Gott, der Herr, lässt seinen Gerechten nicht im Stich. In Jesus ist dies für uns und alle Menschen endgültig wahr geworden.

Warum bleibende Leidensgeschichte?

Die Weltgeschichte kann viele schreckliche Geschichten erzählen. Vielleicht gibt es noch grausigere Untaten zu berichten als die Geschichte dieses Jesus von Nazaret. Aber sie ist bald nach seinem Tod und bis auf den heutigen Tag in Bild und Musik, Wort und Kunst, von großen und von unbeholfenen Gestaltern immer wieder erzählt worden, weil da einer war, der das Leiden der Welt angenommen und zugleich besiegt hatte. Darum ist sie bis auf den heutigen Tag auch eine Geschichte geblieben, die uns entspricht und uns doch überschreitet. Wir erkennen darin unser eigenes Leiden wieder und erblicken in ihr die Zeichen der Hoffnung. Lassen wir uns immer wieder diese Geschichte erzählen, in der Fasten- und Osterzeit und wann immer, jeweils verschieden von den einzelnen Evangelisten. Auch heute – vielleicht sogar heute erst recht – werden wir das Neue und nie Dagewesene dieses erzählten Berichtes als befreiend erfahren: Hier ist einer, der das Elend der Welt nicht weglügt, der dableibt, wenn alle anderen sich aus dem Staub machen, der dem, der Schuld bekennt, wirklich alles nachsehen und vergeben kann (sodass der Mensch wirklich vergessen darf), der den letzten Feind des Menschen besiegt hat, er, der Tod des Todes.

Der uns zugedachte Ort in der Geschichte

Die Geschichte vom Kreuz Jesu Christi sagt mehr als unsere tiefgründigsten Reflexionen, wenn wir sie nur hören. Irgendwo – ganz unvermeidlich – werden wir uns selbst wiedererkennen: in den Häschern, in den Hohenpriestern, unter der schreienden Masse, im feigen Petrus, in den schläfrigen und flüchtenden Jüngern, in dem wankelmütigen Pilatus, im „Fuchs" Herodes, in den pokernden Landsknechten – und hoffentlich wandeln wir uns in jene wenigen, welche (wenigstens allmählich) um den Sinn dieses Leidens wussten: die Frauen am Weg, die Mutter des Herrn, der heidnische Hauptmann, der Schächer neben Jesus, Veronika mit dem Schweißtuch, der Lieblingsjünger und vor allem Simon von Zyrene, der Jesus das Kreuz tragen hilft. Erst wenn wir einen solchen Ort in dieser Kreuzesgeschichte finden und uns auf unsere Rolle einlassen, erreicht diese Geschichte ihr Ziel: Jesus Christus hat gelitten und ist *für uns* gestorben.

II.
Gott im Leid

Wer vom Kreuz Jesu Christi spricht, kann nicht absehen vom Leid der Welt. Zwei Tatbestände erschweren die Erfüllung dieser Aufgabe: unsere zunehmende Unfähigkeit zu leiden und die offenkundige Untauglichkeit nicht weniger christlich-theologischer Erklärungsversuche.

Mangelnde Sensibilität für das Leid

Wer den Blick nur fröhlich in die Zukunft wendet, kümmert sich wenig um die Ruinen und Trümmer um ihn herum. Wer denkt an die vergessenen Opfer auf dem Weg zum „Fortschritt"? Unter uns herrscht ein hohes Maß von mangelnder Sensibilität für das Leiden. Diese Blindheit äußert sich in der Wahrnehmungsunfähigkeit gegen das eigene und gegen das fremde Leid. Wer stumpfsinnig das Leiden über sich ergehen lässt, steht in Gefahr, das Auszeichnende der menschlichen Natur einzubüßen: das Ringen mit dem Widrigen, den Widerstand gegen die Faktizität, das Arbeiten an sich selbst. Wie wir uns relativ leicht durch Mittel der Betäubung physische Leiden ersparen können, so drängen wir auch seelische und soziale Schmerzen zurück. Je mehr wir gesättigt sind, umso mehr steigert sich die Apathie. „Es ist zu fragen, was aus einer Gesellschaft wird, in der bestimmte Formen von Leiden kostenlos vermieden werden ..., in der die als unerträglich erkannte Ehe rasch und glatt gelöst wird, in der nach der Ehescheidung keine Narben bleiben, in der die Beziehungen der Generationen möglichst rasch, konfliktfrei und spurenlos abgelöst werden, in der die Trauerzeiten vernünftig kurz sind, in der die Behinderten und Kranken schnell aus dem Hause und die Toten schnell aus dem Gedächtnis kommen. Wenn sich die Auswechslung von Partnern nach dem Modell Verkauf des alten und Ankauf eines neuen Autos vollzieht, dann bleiben die Erfahrungen, die in der missglückten Beziehung gemacht wurden, unproduktiv. Aus Leiden wird nichts gelernt und ist nichts zu lernen“ (D. Sölle).

Unzureichende theologische Antworten

Für den Christen gehört, wie noch genauer zu zeigen sein wird, das Leiden mitten in das Bild Gottes. Darum konnte es in der Gestalt des gekreuzigten und auferstandenen Herrn zu einem Ort der Hoffnung werden. Weil auch das Leiden noch Ort und Quelle des Trostes und der Kraft, des Lebens und der Liebe sein konnte, gab es nicht zuletzt in auswegloser Situation noch so etwas wie Fügung und Ergebung in das Leid. Gerade hier setzt jedoch der Streit um die christliche Bewältigung des Leidens ein. Nicht zuletzt das Judentum mit seiner messianischen Hoffnung auf eine nur endzeitliche Erlösung vom Bösen hat – gläubig oder eher in so genannten „säkularisierten" Formen – hier Einspruch erhoben.

Darf man so rasch sagen, im Grunde wäre seit Jesus Christus alles Leid der Welt schon erlöst? Kommt hier nicht immer wieder die Anklage, eine solche Antwort, die das Leid der Toten und das bittere Unrecht überfliege, sei ein Zynismus angesichts der Opfer? Muss hier nicht der Verdacht entstehen, als würde nur wohlfeiler Trost in einem gleichgültigen Jenseits angeboten? In der Tat wird für die christliche Rede vom Leiden hier eine tiefe Besinnung notwendig. Wir haben zu wenig bedacht, wie sehr konkretes Leid Glauben und Hoffnung abnützt. Noch problematischer ist aber jener Versuch einer „Erklärung" des Leidens, der allen von Kindheit an vertraut ist: Das Übel in der Welt kann dadurch gerechtfertigt werden, dass es insgeheim einem „höheren Ziel" dient. Wir wissen als Christen leicht zu viel vom Sinn des Leidens, z. B. dass es der Läuterung und Bewährung dient, dass es als Sündenstrafe gerecht und gut ist, dass es von der Barmherzigkeit des ermahnenden Gottes kommt, dass es ein Erweis des Schicksalszusammenhangs der Ursünde ist. Schließlich hat ein stoisch geprägter Vorsehungsglaube zutiefst unsere Auffassung vom Sinn des Leidens geprägt: In der notwendigen Stufenordnung der Welt muss das Einzelne der Vollkommenheit des gegliederten Ganzen dienen. Die Schönheit des Ganzen ergibt sich aus seinen Gegensätzen und Widersprüchen.

Verstärkte Zweifel

Wir stocken heute vor diesem Gedanken an eine „höhere Harmonie" als Erklärungsgrund für das Böse und das Leiden in der Welt. Uns ist der Gedanke einer bergenden Einordnung des Einzelnen in das kosmisch geordnete Ganze und darin Notwendige unheimlich geworden. Wir empfinden eine solche Erklärung des Leidens als rationalistisch und harmonistisch. Es gibt einen theologischen Missbrauch mit dem menschlichen Leiden, den wir heute tausendfach bezahlen müssen: Leid kommt aus Gottes Hand; die Wurzel der Krankheit ist die Sünde; volle Gesundheit besteht erst im Reich Gottes; Leiden ist eine einzigartige Gelegenheit, innerlich zu reifen; das Leid ist die sublime Erziehung Gottes für den störrischen Menschen. Man denke nur an manche Aufforderung zur „Leidenswilligkeit", zur bedingungslosen Unterwerfung, ja zu einer masochistischen Lust am Leiden.

Diese theologische Bewältigung des Leidens stößt heute umso mehr auf Widerspruch, als die Theologie in einer merkwürdigen Zurückhaltung die

Unterscheidung zwischen solchen Leiden, die wir mindern oder vermeiden, und solchen Leiden, die wir weder verursachen noch beenden können, nicht grundlegend durchgeführt hat. Was problematisch geworden ist, ist nicht der Versuch einer persönlichen und existenziellen Sinnerhellung des Leidens, wie sie Menschen immer wieder für sich – ob geglückt oder eher verfehlt – versuchen, sondern die nachträgliche, theologische Systematisierung, die unweigerlich den Eindruck erweckt, sie habe keinen Respekt und im Grunde auch nur ein abstraktes Mitleid vor dem Schmerz. Darum zerbrechen diese abstrakten Rechtfertigungsversuche auch immer wieder an den konkreten Erfahrungen.

Das Zerbrechen jeder „höheren Harmonie"

Es gibt gerade in dieser Hinsicht in den letzten hundert Jahren Bestreitungen theologischer Erklärungsversuche, an denen keine Besinnung über das Leiden vorbeigehen kann. Gemeint ist

vor allem jenes Leid, in dem die Betroffenen nichts mehr lernen können, sondern viel eher verstummen.
F. M. Dostojewskij hat in „Die Brüder Karamasoff" die möglichen Antworten auf diese Herausforderung im Dialog zwischen den beiden Brüdern unter der Überschrift „Die Empörung" dargestellt. Iwan spricht vom Leiden unschuldiger Kinder. „Von allen übrigen Tränen der Menschen, von denen die ganze Erde von ihrer Rinde bis zum Mittelpunkt durchtränkt ist, davon will ich kein Wort reden ... Nach meinem euklidischen Verstande weiß ich nur eins, dass nämlich Leiden existieren, ohne dass es Schuldige gibt." Die übliche Deutung, dass diese Leiden durch eine „höhere Harmonie" gerechtfertigt seien, will Iwan nicht annehmen. „Einen gar zu hohen Preis hat man auf die Harmonie gesetzt, meine Tasche erlaubt es mir durchaus nicht, so hohen Eintrittspreis zu zahlen. Daher beeile ich mich auch, meine Eintrittskarte zurückzugeben ... Nicht, dass ich Gott nicht gelten lasse, Aljoscha, aber ehrerbietigst gebe ich ihm die Eintrittskarte zu-

rück." Iwan will nicht der Empörer sein, aber das Leiden der Unschuldigen führt ihn – einen Ungläubigen um der Liebe willen, wie andere Gestalten Dostojewskijs – zur Anklage und Rebellion. Aljoscha hört sich stumm die Zeugnisse des Protests gegen die Barmherzigkeit Gottes an, kann nur auf Jesus Christus verweisen und küsst dem Empörer Iwan schweigend die Lippen.

S. Freud schreibt an den mit ihm befreundeten Pfarrer Oskar Pfister: „Und endlich – lassen Sie mich einmal unhöflich werden –, wie zum Teufel bringen Sie alles, was wir in der Welt erleben und zu erwarten haben, mit ihrem Postulat einer sittlichen Weltordnung zusammen? Darauf bin ich neugierig – aber Sie brauchen nicht zu antworten." Immer wieder erhebt sich dieselbe Frage, z. B. bei W. Borchert: „Warst Du in Stalingrad lieb, lieber Gott, warst Du da lieb, wie? Ja, wann warst Du eigentlich lieb, Gott, wann? Wann hast Du Dich jemals um uns gekümmert?" S. Weil schließt sich – wie viele andere – Iwans Rede in dem Werk „Die Brüder Karamasoff" an: „Was man mir auch bieten könnte, um die Träne eines

Kindes aufzuwiegen, es gibt nichts, das mich veranlassen kann, diese Träne hinzunehmen. Nichts, gar nichts, das die menschliche Vernunft ersinnen könnte." Reinhold Schneider hat über die Leiden der unschuldigen Menschen hinaus das stumme Leid der nichtmenschlichen Kreatur beeindruckt. Im „Winter in Wien" steigert er gelegentlich diese Erfahrung bis in das Grotesk-Absurde: „Das Phänomen ‚Leben'. Die Gottesanbeterin hat den Kopf des Männchens verspeist und sättigt sich nun am Vorderleib, während der Hinterleib sie begattet. (Welche Versklavung aller Kreatur! Blutdurst der Tanzfliegen zur Begattungszeit.)"

Verzicht und Grenze theologischer „Erklärungen"

Vor diesen Zeugnissen und den tausendfältigen Erfahrungen des unbekannten und ungenannten Leidens, das in einer ihm eigenen Form von Sprachlosigkeit sich uns meist entzieht, ist es notwendig, dass der Theologe sparsamer wird mit jeder „Deutung" von Leid. Auf alle Fälle muss man auf eine pauschale „Gesamtlösung" verzichten. Es gibt sicher einen allgemeinen Zusammenhang zwischen dem menschlichen Leidenmüssen und der Sünde, zwischen der Urverfehlung des Menschen und dem unausweichlichen Unheil. Der Einzelne kann in seiner Leiderfahrung um eine eigentümliche Verflechtung seiner Situation mit der Geschichte der Sünde und um die Verstrickung in Schuld wissen, die ihn überschreitet. In der Klage und im Fluch, in der Anklage und in der Bitte des Betroffenen kann dies zum Ausdruck kommen. Aber die *von außen* „erklärende" Rede kommt beim konkreten leidenden Menschen an eine unübersteigbare Grenze. Die globale Theorie kann – so wahr sie sein mag – hier nicht in jedem Einzelfall ihre Richtigkeit nachweisen. Die Theologie wird sich darum hüten, von jedem einzelnen Geschehnis und Ereignis menschlichen Leids eine theologische Deutung zu geben, als ob hier oder dort mit Sicherheit Gott strafend, demütigend, erniedrigend am Werke wäre. Der leidverursachende Gott, wie er gelegentlich in der Theologie – nicht zuletzt auch der Reformation – beschworen wird, trägt manchmal sadistische Züge, sodass es kein Wunder ist, dass ein solcher Gott vor den Fragen des leidenden Menschen nicht bestehen kann, nicht nur vor denen eines Iwan Karamasoff und Albert Camus.

Leid und Tod als unaustilgbarer Stachel

Der christliche Glaube braucht bei dieser Antwort nicht schlechthin stehen zu bleiben. Sparsamkeit in der Deutung des Leids ist kein Verzicht auf die verborgene Kraft dessen, was der Christ im Leid erfahren kann und darum auch sagen muss. Immer noch ist die Frage „Warum leide ich?“, wie G. Büchner sagt, „der Fels des Atheismus“. Wer alles Menschengemachte zu entzaubern weiß, wird auch nüchtern gegenüber seinen eigenen Antworten. J. Habermas hat im Blick auf die von Th. W. Adorno unbeirrt festgehaltene Idee einer universalen Versöhnung darauf hingewiesen, diese habe zuletzt ihren Grund „im Bedürfnis der Tröstung und der Zuversicht angesichts des Todes, das die inständigste Kritik nicht erfüllen kann. Dieser Schmerz ist ohne Theologie untröstlich." Auch E. Bloch weiß, dass der Tod als der „letzte Feind" des Menschen „jenes gewisseste Empirikum, schlagendste Metaphysikum", „die härteste Gegenutopie" ist. Der Glaube wird ob solcher „Bekenntnisse" nicht triumphieren und sich in unreifer Weise überlegen geben, wenn er inmitten des Leidens noch Hoffnung sieht.

Die entscheidende Wahl

Das Christentum ist die Religion, welche dem Menschen keinen Glücksgott anbietet, der ihn das Dunkel des Leidens vergessen lässt. Religion wird in der Tat nicht zuletzt aus der Sehnsucht nach der Überwindung des menschlichen Leidens geboren, aber nicht selten wählt sie den Weg einer trügerischen Verniedlichung von Leid und Tod, hält dem harten Druck menschlicher Hoffnungslosigkeit nicht stand, sondern flieht feige und vorschnell in eine bessere Welt. Es war das gläubige Israel, das den Tod nicht mythologisch verklärt hat, wie in den Religionen der Nachbarvölker, sondern es hat ihn aus der Tiefe des Gottvertrauens nüchtern angenommen. Darum gehört erst recht auch zum christlichen Glauben ein klarer Mut zur Erkenntnis des Leidens. Dies schließt, sieht man ihm ins Auge, auch die Teilnahme und das Mit-Leiden ein. Wo so viel Verdrängung und Apathie, Flucht und Verweigerung vor dem Leiden erfolgt, ist eine solche Solidarität und Sympathie (ursprünglich: Miterfahren, Mitleiden) schon mehr als nur ein Anfang. Oft stoßen wir im Leid ohnehin an Grenzen, die sich kaum überschreiten lassen. Die einzige Form des Mitleidens besteht darin, den unsäglichen Schmerz der Leidenden mit ihnen – vielleicht wortlos – zu teilen, sie nicht in ihrer Einsamkeit zu belassen und wenigstens ihren Schrei zu vernehmen. Schlechthin „fremdes“ Leid darf es für den Menschen nicht geben.

Der Gott der Verlorenen

Darum darf der Christ nie das Leid rhetorisch abschwächen. Es ist noch kein Zeichen des Glaubens, wenn man am falschen Ort und in unangemessener Weise vom ewigen Frieden, von Gottes Gnade und von unvergänglichem Leben spricht. Vielmehr ist es überhaupt die erste Aufgabe des Christen, der berechtigten Trauer die gläubige Sprache zu geben. Sicher ist es die vornehmste Pflicht des Christen, die Partei alles Schwachen und Niedrigen, Wehrlosen und Missratenen zu übernehmen. Gott wird das geknickte Rohr nicht zerbrechen und den glimmenden Docht nicht auslöschen (vgl. Jesaja 42,3) – allen Grundsätzen der Selektion zuwider. Nirgendwo kann deutlicher erwiesen werden, dass dieser Gott nicht nur ein Gott der Starken und Erfolgreichen ist, dass er sich vielmehr im Leid als derjenige zeigt, den Jesus verkündigt hat: der Vater der Verlorenen. Er steht auf der Seite der Kleinen, Kranken, Armen, Verfolgten, Unterprivilegierten, Unterdrückten und der stumm Leidenden. Dieser Gott fordert freilich auch den Verzicht auf jede falsche Vertröstung in einem Leiden, das durch den Menschen gemindert oder gar beseitigt werden kann. Jede Rede von einem möglichen „Sinn“ des Leidens wird an der Wurzel unglaubwürdig, wenn nicht das vermeidbare Leiden in allen Bereichen und mit allen Mitteln bekämpft wird.

Kein fremdes Leid

Wir müssen von Grund auf immer wieder lernen, dass es kein fremdes Leid gibt. Einen solchen Satz kann man nur in sehr bedingter Weise begründen. Wer nicht vom Leid betroffen ist, nimmt die Rolle des neutralen Zuschauers oder den Standpunkt des Pilatus ein. Leid erzeugt, mit einer Spur von Menschlichkeit und Brüderlichkeit betrachtet, Mitleid. Wo immer Leiden ist, da geht es dich an. Wir wollen uns jedoch nichts vormachen: In der Situation des Leidens kann der Mensch noch schlimmer als das triebgehetzte Tier werden, das seinem Artgenossen den letzten Brocken wegfrisst und ihn vielleicht sogar tötet. Der Kampf ums Überleben stellt in die letzte und rücksichtsloseste Vereinzelung. Aber es gibt gerade bei einfachen und armen

Menschen eine entgegengesetzte Erfahrung: Die gemeinsames Leid erlitten haben und heute noch erleiden, sie teilen nicht selten das Letzte und Äußerste miteinander. So bleibt es dennoch wahr: Es gibt kein fremdes Leid. Dieser Satz ist keine „Tatsache“, sondern er wird uns aus dem innersten Geheimnis des Menschseins und des christlichen Glaubens zugemutet. Und wir werden einmal danach gefragt und gewogen werden, ob wir zu denen gehörten, die Leid verursacht, die es gemindert oder die es apathisch ignoriert haben. „Herr, wann haben wir dich hungrig oder durstig oder obdachlos oder nackt oder krank oder im Gefängnis gesehen und haben dir nicht geholfen?“ (Mt 25,44).

Die einzige Antwort: Blick auf Jesus

Die letzte und im Grunde einzige Antwort auf das Leiden der Welt kann der Christ nur geben, indem er auf Jesus von Nazaret, die Leidensgestalt des Messias und damit auf das Kreuz zeigt. Auch Gott hat in Jesus Christus das menschliche

Leid nicht „erklärt“, sondern als der völlig Schuldlose hat er das Unvermeidliche übernommen und bis zum bitteren Ende durchlitten. Gerade der Tod Jesu lässt sich nicht mystifizieren. Das Kreuz Jesu ist am allerwenigsten eine theologische Erfindung, sondern die tausendfach gegebene Antwort der Welt auf die Botschaft der Gerechtigkeit, der Liebe und des Friedens. Darum können sich die unschuldig Leidenden in Jesu Sterben und in seinem Kreuz wiedererkennen. Die Machthaber lösen oder umgehen ihre Konflikte auf seinem Rücken, die Landsknechte aller Zeiten lassen ihre Wut und ihren Sadismus am Unschuldig-Wehrlosen spielen – Verhaltensweisen, die auch wir gegenüber Unterlegenen leicht benutzen.

Das vielfältige Kreuz

So ist es auch zu verstehen, dass zu allen Zeiten Glaubende und Nichtglaubende ihren Schmerz in das Leiden Jesu Christi hineingelesen und ihr unbegreifliches Leid in seine Passion hineingezeichnet haben. Wir sehen es an den Pestkreuzen, in die der Künstler einst die Not der von dieser Seuche befallenen Menschen in den pestblauen und pestschwarzen Leib des gemarterten Jesus hineingelegt hat. Wir sehen es heute an erschütternden Kruzifixen, die aus den Händen von Gefolterten aus den Gefängnissen Südamerikas kommen: Am Kreuz hängt ein Jesus Christus, dessen Leib und Antlitz unverkennbar von der Folter gezeichnet sind. Die christliche Frömmigkeit und die christliche Kunst haben – besser als alle Theologie – diesen stellvertretenden Leidensweg des Schmerzensmannes immer wieder in den vierzehn Stationen des Kreuzweges durchbetet und durchwacht und dabei die Stätte der Erlösung auch für ihr eigenes Leiden gefunden.

Stark genug für die Leidensfracht der Welt

Man kann sich streiten, ob das Leiden und der Tod Jesu das äußerste Maß an Brutalität und Grausamkeit darstellen. Vielleicht ist die Kunst

des Menschen, sich am Schmerz seines Bruders zu weiden, in ihren Fertigkeiten noch längst nicht an ihr Ende gekommen. Aber für den Glaubenden ist es gewiss, dass das Leiden und der Tod Jesu gerade durch die Gottnähe dieses Gemarterten auf eine äußerste Probe gestellt wurden. Der Schrei der Gottverlassenheit zeigt, wie nahe die Erfahrung der Sinnlosigkeit dem Geheimnis dieses Todes ist: absolut allein gelassen von dem, auf dessen Hilfe er alles gesetzt hatte.
Alles war – menschlich erfahren und gesprochen – umsonst. Kein Mensch kann angesichts der Aussichtslosigkeit und der Ohnmacht dieses Todes erfinden, dass das Zeichen eines gehenkten Verbrechers Heil und Sinn in sich bieten könnte, genauso wenig wie die sinnlosen Katastrophen und Tode, die wir erfahren. Der Christ glaubt – daran hängt allerdings alles –, dass Jesus von Nazaret nicht in diesem absurden Tod geblieben ist, sondern dass Gott diesen Tod vollendet hat, indem er seinen gerechten Zeugen auch durch das äußerste Leid hindurch gehalten hat. Und wie man in der letzten Ohnmacht ein solches

Licht sich nicht selbst anzünden kann, so kann „Sinn im Leid“ nicht von uns produziert, sondern er kann uns nur im Glauben geschenkt werden. Nur weil Gott Jesus rettet und ihn ein für alle Mal der Macht des Todes entnimmt, gibt es einen letzten Ausweg und einen verborgenen Sinn in dieser Katastrophe. „Das Leid ist unabweislich und zwingt zu Gott [stimmt dies? – so möchte man an dieser Stelle eine Zwischenfrage stellen]. Aber der Mensch erfindet den Namen Gottes nicht; Gott muss ihn nennen. Der Mensch erfindet auch das Zeichen nicht, das alles Leid trägt; Gott muss es selber errichten, das einzige Zeichen, das stark genug ist für die Leidensfracht der Welt, weil es für Gottes Leiden und Sterben gefügt ist. Keines steht fester in der Wirklichkeit; es ist die Antwort auf die unausweichliche Not des ‚Staubgeschlechts‘“ (Reinhold Schneider).

Bedingungen eines „Sinnes“ im Leiden

Es gibt freilich – was wir oft vergessen haben – auch im christlichen Leben keine automatische

Sinngebung des Leids. Der Sieg des Kreuzes bleibt immer verborgen, und der Auferstandene behält ewig seine Wundmale. Man kann dem Leiden nicht „Sinn" wie ein Warenetikett christlicher Marke anheften. Darum darf es im Bereich des Christlichen auch keine Leidverklärung geben. Die Sinnhaftigkeit des Leidens kann uns erst gedeutet werden, wenn wir uns in festem Glauben und unerschütterlichem Vertrauen auf Gott als letzte Wirklichkeit unseres Lebens eingelassen haben. Darum öffnet sich der „Sinn" des Leidens nicht von selbst, sondern man kann ihn nur im Ringen mit Gott, im Schrei der Klage, manchmal widerwillig und am Ende in äußerster Ergebung empfangen. Wir späten Erben einer Kultur, die das Geheimnis der Tränen und die Notwendigkeit der Klage vergessen hat, verstehen so wenig vom Leiden und seinem Trost, weil wir nicht mehr aus der Tiefe unseres Herzens zu Gott schreien können. Auch dies gehört zur Apathie unseres Lebens.

Gott und das Leid

Damit kommen wir vor das Geheimnis Gottes selbst. Im Leiden verhüllt sich Gott. In der Betrachtung des Geschickes Jesu Christi wandelt sich für uns auch das Bild Gottes, das wir uns von ihm gemacht haben. Er ist nicht der unbeeindruckbare Gott, der in seliger Unberührbarkeit und fern allen menschlichen Leidens über den Himmeln thront. Der Vater Jesu Christi ist kein teilnahmsloser Gott, der allem Leiden enthoben ist. Gegen einen Gott, der in ungestörter Glückseligkeit waltet und herrscht, kann der Mensch Protest einlegen. Gegen den Gott, der seine Teilnahme am Leid der Welt geoffenbart und in Jesus Christus sein konkretes Mit-Leiden erwiesen hat, wird es schwieriger, sich durch eine Revolte zu erheben und „Rechtfertigung" zu verlangen. Gott ist auf der Seite der Opfer, sein getreuester Bote und Sohn wird gehängt. Die Meditation seines Kreuzes soll uns dahin führen, dass die Macht Gottes in der vergebenden und hingebenden Kraft der Liebe seines nächsten Gesandten besteht.

Unbegreifliches Leid – auch in Gott

Darüber könnte noch vieles gesagt werden. Die heutige Theologie spricht viel vom gekreuzigten Gott. Sie ist davon überzeugt, dass das Ernstnehmen des Leidens in Gott eine „Revolution des Gottesverständnisses" (J. Moltmann) bedeutet. Der Weg zu fragwürdiger Spekulation ist auch hier nicht weit. Rasch und gekonnt konstruiert man eine dialektisch zwischen Gott und Gott, dem Vater und dem Sohn, sich ereignende innergöttliche Leidensgeschichte. Wird man aber dem Leiden Gottes gerecht, wenn man in die Liebe Gottes eine eherne Notwendigkeit zum Kreuz hineinliest? Bedeutet es nicht mehr zu sagen, dass die Liebe Gottes des Kreuzes nicht bedarf, dass aber die reale Liebe Gottes in dieser Welt – durch den Ernst seiner Zuwendung und die Grausamkeit des menschlichen Verhaltens – an das Kreuz kommt? Ohne krampfhafte spekulative Zwänge wird das Erbarmen Gottes größer, und Leid bleibt Leid. Wahre Theologie muss auch hier und heute gegen solche Versuchungen einer „höheren Harmonie" einen Riegel vorschieben.

Gegenwärtiges und zukünftiges Heil im Leiden

Das Leiden zeigt eine letzte Dimension christlichen Glaubens an: Wer leidet, kann sich nicht nur mit dem fernen und künftigen Gott zufriedengeben. „Die Hoffnung auf eine bessere Zukunft muss auch in den jetzt leidenden Subjekten als Gegenwart, als Trost festgemacht sein: Gott muss auch im Elend für den Menschen gedacht werden, die Wahrheit auch der jetzt nichts ausrichtenden Liebe bleibt darin gewiss" (D. Sölle). Ein Gott, der nicht unmittelbar helfend, rettend, heilverwirklichend eingreift, ist als reiner Trost der Zukunft und ohne alle Gegenwart selbst hilflos. Der Glaube sagt im Leiden, dass Gott uns liebt, auch wenn jetzt (noch) nichts davon sichtbar ist. „*Jetzt* ist der Tag des Heiles" (2 Kor 6,2) – dies gilt gerade im Leiden. Nur darum gibt es mitten im leidvollen Streit den Frieden, mitten im Leiden eine geheimnisvolle und freilich äußerst verletzliche Gestalt der Freude, nur darum gibt es in der Ohnmacht des Leidens und der Schmerzen das Affirmative, das Lob Gottes, den Gesang der Jünglinge im Feuerofen, den Psalm der Todgeweihten im Konzentrationslager. „Gottes Liebe bewahrt nicht *vor* allem Leid. Sie bewahrt aber *in* allem Leid" (H. Küng).

In der Gegenwart hebt an, was erst im Reich Gottes seine Vollendung finden kann. Darum ist dies die tiefste Aussage, welche die christliche Theologie mit der letzten Schrift des Neuen Testaments machen kann: „Gott selbst wird als ihr Gott bei ihnen (den leidgeprüften Menschen) sein. Er wird jede Träne aus ihren Augen wischen: Der Tod wird nicht mehr sein, nicht Trauer noch Klage noch Mühsal. Denn die alte Welt ist vergangen" (Offb 21,3f.).

Die Rettung des Leidens

Jedes Wort zur Sinndeutung des Leidens bleibt zwielichtig und zweideutig, wie selten sonst in der Theologie. Freilich, manchmal bedarf es innerhalb und außerhalb des Christlichen gerade des Wortes, damit die stummen Schreie der Leidenden hörbar gemacht werden. Dies ist nicht nur der Auftrag des Theologen, sondern gerade heute z. B. auch des Dichters und Schriftstellers. Ich erinnere nur an die Widmung, die Alexander Solschenizyn dem ersten Band seines „Archipel Gulag“ vorangestellt hat:

„All jenen gewidmet,
die nicht genug Leben hatten,
um dies zu erzählen.
Sie mögen mir verzeihen,
dass ich nicht alles gesehen,
nicht an alles mich erinnert,
nicht alles erraten habe.“

Die *theologische* Rede von Leid und Leiden muss noch einen Schritt weitergehen in der Begrenzung dessen, was sie leisten kann. Was sie sagt, muss sie auch dadurch wahrmachen, dass sie das Verkündigte tut. Darum müssen Jesu Christi Freunde bei den Leidenden sein. Wenn es wahr ist, dass einer des anderen Last tragen soll, kann sich keiner dem Ruf aus dem Leiden zur Hilfe entziehen.

III.
Das Wort von der Auferstehung

Die Frage

Wenn wir vom Osterereignis reden wollen, stolpern wir über fast alle Worte, die wir dabei gebrauchen. Wir haben zwar unsere festgefugten christlichen Bekenntnisworte (auferstanden – erhöht – sitzet zur Rechten des Vaters – zum Himmel aufgefahren), aber wir denken selten darüber nach, wie sie zu ihrer Bedeutungsfülle gekommen sind. Zunächst bringen ja unsere Begriffe, wie zum Beispiel „auferwecken“ und „erscheinen“, schon von der Alltagssprache her ihren Sinn jeweils mit. Wie kam es dazu, dass sie eine andere Bedeutung erlangten? Mit welchem Recht kann man sie umsprechen? Worte, denen so etwas widerfährt, rächen sich gerne. Sie sagen weniger oder nichts mehr, weil sie den ihnen eingeräumten Bedeutungsort im konkreten Leben der Menschen verlassen sollen. Sie „überfliegen“ dann die menschliche Wirklichkeit, werden leer und zeigen blinde Scheiben.

Mancher wird so empfinden, wenn er die Worte „Auferstehung“ und „Auferweckung“ hört. Drastische Bilder kommen einem in die Erinnerung:

Die Auferstandenen leben in der „anderen Welt“ mit demselben Leib, den wir schon kennen; man fragt sich dann auch bald, ob sie dieselben Gebrechen haben wie wir usw. Oder wie soll man es sich denken, dass der auferstandene Herr mit seinen Jüngern isst oder sich betasten lässt?

Annäherungen im Gleichnis

Wir dürfen zunächst einmal beim gewöhnlichen und alltäglichen Sinn der Worte bleiben. Jemand wird aus dem Schlaf geweckt, wenn es Zeit ist. Ein Arzt entscheidet darüber, wann der Kranke aufstehen darf. Ob der hart getroffene Kämpfer im Boxring sich rasch erholen und in alter Kraft aufstehen wird? Die Angehörigen eines Patienten wissen, dass der Schwerkranke nie mehr aufstehen kann. Immer wieder erhebt sich der Mensch und ist in seinem Wesen „aufständisch“. In den verschiedenen Situationen der Niedrigkeit oder der Ohnmacht erwecken ihn andere zu neuem Mut oder gar zum Leben. Im religiösen Bereich dienen diese uns vertrauten

Vorgänge dazu, ein ganz unbekanntes und noch von keinem Menschen erfahrenes Geschick in einem Bildwort auszudrücken: Ähnlich wie wenn man aufgeweckt wird und aufsteht, soll es sich bei denen ereignen, die den Tod erleiden müssen. Für uns mag dieses einfache Gleichnis auf den ersten Blick unzureichend erscheinen, es hat dennoch immer wieder die Sehnsucht der Menschen befriedet und das Leben, so ärmlich und unscheinbar es auch war, in seinem tieferen Grunde aufgehellt und so in gewisser Weise schon gerettet.

Von daher kann auch deutlich werden, warum die Erwartung der Totenerweckung immer wieder mit der Vorstellung verbunden war, der Gestorbene kehre wieder in das uns bekannte irdische Dasein zurück und lebe unter unseren raumzeitlichen Bedingungen weiter. Weil dies eine eigentümlich schwebende Gleichnisrede ist, darf man eine solche Darstellung nicht massiv wortwörtlich nehmen. Jedoch erwuchsen daraus sehr oft handfeste Vorstellungen. Sehen wir einmal von der Frage vorösterlicher Wunder der Totenerweckungen durch Jesus ab, dann haben die Menschen von heute nicht selten den Verdacht, in den Bildworten von „Auferweckung“ und „Auferstehung“ würden die Freude und noch mehr der Mangel dieses irdischen menschlichen Lebens ins Jenseits hineinverflüchtigt, das sie gerade in der darin geschehenden Verdoppelung dieser Welt nur von der unausweichlichen Verantwortung für die Geschichte und gegenüber den Mitmenschen ablenke. Ein solcher Auferstehungsglaube wäre in der Tat problematisch, weil er keine verwandelnde Kraft in das gegenwärtige Leben der Menschen bringt.

Gotteserfahrung und Menschenlos

Wenn wir dagegen nach den Anfängen von so etwas wie Auferstehungsglauben (im weitesten Sinne) innerhalb des Alten Testaments suchen, dann stoßen wir auf elementare Erfahrungen des menschlichen Lebens. Es mag manchmal „leicht“ sein, in ungestörten äußeren Lebensumständen und in einem allseits geglückten Dasein von einem „Gott“ und seinem gütigen Wirken überzeugt zu sein. In Stunden der Anfechtung und der Not wird dies schwieriger. Wir kennen aus den Psalmen die Klagen des Gottgetreuen, warum es bei Gottes Gerechtigkeit zum Glück des Gottlosen und zum Unglück des Frommen komme. Das Fragen und Suchen nach Gott in den Psalmen zeigt uns, wie schwer und selten es gerade dem Frommen glückt, inmitten von Unrecht, Verfolgung und Krankheit Hilfe und wirkliche Rettung zu erfahren. Diese Frage nach der *Verlässlichkeit* Gottes kommt zu grundsätzlichem Rang, wenn der Mensch sie der harten Wirklichkeit des Todes aussetzt. Israel hat den unwahrscheinlichen Mut, dieser unwiderstehlichen Macht des Todes gegenüber auszuhalten. Es versucht in keiner Weise, durch Glorifizierung – besonders durch Kult oder Zauber – seiner mächtig zu werden. Viele Religionen werden gerade an dieser Stelle außerordentlich gesprächig und wissen zu viel. Der bodennahe Glaube Israels schweigt, ringt und fragt: „Kannst du an Toten Wunder tun, stehen die Schatten auf, dich zu preisen? Rühmt man im Grab deine Verbundenheit, im Totenreich deine Treue? Wird deine Wundermacht im ewigen Dunkel kund, im Land des Vergessens dein gerechtes Walten?" (Ps 88,11–13).

Zwischen Leben und Tod

Die Fachleute der Auslegung des Alten Testaments sind sich nicht einig, in welchen Texten ein Überschritt zur Auferstehungserwartung greifbar wird. Es handelt sich dabei um folgende Aussagen:

„Fürwahr, du überlässt mein Leben nicht der Unterwelt,
du gibst deinem Getreuen nicht die Grube zu schauen.
Du weisest mir den Pfad zum Leben:
Fülle der Freuden in deiner Gegenwart, Wonnen in deiner Rechten auf ewig"
(Ps 16,10–11).

„Dagegen (gegenüber denen, die auf sich selbst vertrauen und deren Leben zerfällt) kauft Jahwe mein Leben los, der Hand der Unterwelt fürwahr entrückt er mich“ (Ps 49,16).

„Nun aber bin ich immer bei dir.
Du hast meine rechte Hand erfasst.
Mit deinem Rat wirst du mich geleiten
und hernach mich in Herrlichkeit entrücken.
Wen habe ich im Himmel (neben dir)?

Neben dir begehre ich nichts auf Erden. Mein Fleisch und mein Herz schwinden dahin, aber mein Anteil bleibt Jahwe auf ewig“
(Ps 73,23–26).

Vielleicht ist die erwähnte „Unklarheit“ nicht nur negativ zu sehen. Die „Unbestimmtheit“ dieser Aussagen ist darum nicht zufällig, weil überhaupt schwer zu unterscheiden bleibt zwischen dem Herrschaftsbereich des Todes, der öfters drohend in das nichtige Menschenleben hineinragt, der Macht kreatürlicher Hinfälligkeit und der Lebenskraft, die immer wieder eine Überwindung aller Widrigkeiten versucht. Ohne also den letzten und unvergleichlichen Ernst des Todes zu mindern, spielt die *genaue* Trennlinie zwischen Leben und Tod nicht jene einzige und ausschließliche Rolle, die wir ihr oft zuerkennen (oder auch schon nicht mehr?).

Unbegrenzte Lebensgemeinschaft

Viel grundlegender dagegen ist die Frage, ob die Gemeinschaft mit Gott in allen Situationen des Lebens und vor allem im Sterben bleibt. Befreiend wirkt dann auch keineswegs irgendeine Lehre über die Auferstehung, sondern die Erfahrung der Antwort Gottes: „Ich bin *immer* bei dir!“ Mag auch der „exakte“ Aussagegehalt dieser rettenden Gegenwart unbestimmt bleiben, so ist die fraglose und kühne Gewissheit solchen Glaubens unverkennbar. Die Überzeugung von einem guten Geschick des Menschen nach dem Tod baut sich jedenfalls auf über dieser festen Gewissheit, in der gegenwärtigen Zeit in huld-

voller Gemeinschaft mit Gott zu stehen. Es bedarf nur noch einer ausdrücklichen Betonung der unbegrenzten Reichweite dieser Lebensgemeinschaft, um zum Kern der volleren Aussage der Auferstehungserwartung zu kommen.
Unübersehbar für den Betrachter bleibt die Tatsache, dass es bei den in Frage kommenden Zeugnissen (vgl. die oben wiedergegebenen Texte) um eine Äußerung des *betenden* Menschen geht, dem diese befreiende Verheißung zuteil wird. Auferstehung ergibt sich offenbar in ihrer ursprünglichen Bedeutung noch nicht einfach aus der Selbstverständlichkeit eines Nicht-sterben-Könnens des geistbegabten Menschen, sondern vor allem aus der rettenden Tat des liebenden Gottes, der einzig die Macht zur Gewährung solchen Lebens hat. Allmählich wird deutlicher, dass der Mensch nicht nur in dieser oder jener Grunderfahrung göttlichen Erbarmens eine solche Zuwendung erfährt, sondern dass bereits die Schöpfung des Menschen, in der dieser von Gott in *einem* Geschehen erkannt, geliebt, geschaffen und beim Namen genannt wird, von

sich her ein Ausdruck der liebenden Zuneigung Gottes und ein Ruf in seine Ewigkeit ist.

Auferstehungshoffnung und Apokalyptik

In Zeiten dunkler geschichtlicher Erfahrung, langer Bedrückung, blutiger Verfolgungen und des leidvollen Martyriums kann diese Grunderfahrung ihren Hoffnungscharakter verstärken. Geschichtliche Gegenwart und Reich Gottes treten dann noch stärker auseinander. Die Einlösung der gläubigen Hoffnung wird ganz von der Gott allein gehörenden letzten Zukunft erwartet. Der Ablauf und das Geschick menschlichen Tuns werden vom Ende der Geschichte und von der erfüllten Verheißung her gesehen. Die kühne Schau des Frommen erblickt, fast schon mit dem Auge Gottes, den notwendigen Schicksalsgang alles Irdischen zum Gericht. Das große dramatische Abschlussgeschehen sammelt sich in der Auferstehung der Gerechten. „Deine Toten werden leben! Meine Leichen werden aufstehen!

Aufwachen und jauchzen werden die Bewohner des Staubes! Denn Tau der Lichter ist dein Tau, und die Erde wird Totengeister gebären" (Jes 26,19).

In den letzten Jahrhunderten vor der christlichen Zeitenwende gewinnt diese „apokalyptische" Denkweise immer mehr an Gewicht. Die Vision vom Ende der Geschichte wird immer deutlicher in düsteren und grellen Farben ausgemalt. Was ursprünglich behutsame Aussage des Beters und des frommen Weisen war, wird durch die Ausgestaltung zu einer umfassenden Lehre in sich selbst wieder zum Teil rätselhaft.

Theologische Konzentration im Neuen Testament

Das Neue Testament bleibt gegenüber solchen Konkretisierungen der Totenauferweckung zurückhaltend (vgl. MK 12,18-27) und meidet die naheliegende Versuchung, die verheißene Rettung in üppiger Form zu beschreiben. Gerade dadurch weist es auf die Mitte aller Rede von „Auferstehung": Gottes Macht allein kann Tote lebendig machen. Die Anwendung der Auferstehungsaussage auf Jesus bricht noch mit weiteren Eigentümlichkeiten: Während der jüdische Glaube weitgehend nur die *allgemeine* Totenauferweckung am Ende der Tage kennt, wird sie hier von einem Einzelnen und mitten in der Geschichte zum Ausdruck gebracht. Aber es zeigt sich – jedenfalls im Ganzen der Schrift – noch eine Reihe von weiteren Unterschieden. Kein Zweifel wird daran gelassen, dass Jesus nicht zu einem neuen Leben in dieser Welt erweckt wurde. Jesus soll nicht mehr in die Verwesung zurückkehren wie David (vgl. Apg 13,34). Und Paulus sagt deutlich: „Christus, von den Toten erweckt, stirbt nicht mehr, der Tod hat keine Herrschaft mehr über ihn ... Was er lebt, das lebt er Gott" (Röm 6,9f.).

Das apokalyptische Verständnis der Auferweckung, von dem eben die Rede war, wird nur insoweit positiv verwendet, als damit die unaufgebbare End-Gültigkeit der Überwindung des Todes und der lebensfeindlichen Mächte, die Betroffenheit der ganzen Geschichte und der ganzen

Welt und schließlich der Anbruch endzeitlicher Ereignisse durch dieses einmalige Auferstehungsgeschehen Jesu Christi festgehalten werden können. Der Sachverhalt „Auferweckung" selbst wird übrigens in der Schrift mit Hilfe weiterer Begriffe und durch andere Perspektiven entfaltet und abgewandelt: „Verwandlung", „Macht", „Herrlichkeit", „Erhöhung", „Unverweslichkeit". Die Unvorstellbarkeit des Auferstehungsereignisses rückt in diesem Zusammenhang in die Nähe der Schöpfungstat Gottes, sodass die letzte, im Christusereignis anfänglich schon erfolgte Verwandlung des Menschen und der Menschheit mit einem doppelten Grenzwort unserer Sprache als „neue Schöpfung" bezeichnet wird (vgl. Gal 6,15; 2 Kor 5,17).

Dadurch werden die Worte „Auferstehung" und „Auferweckung" gereinigt und auf das Wesentliche zurückgeführt: allein von Gott her gewährte Unversehrtheit (Integrität) des Menschen, absolutes Gerettetsein, unverlierbare Endgültigkeit, neues Leben, das den Tod nicht mehr kennt. Ob man eine solche Aussage überhaupt für sinnvoll hält oder nicht, hängt am Ende sehr eng mit dem Sinn des Wortes „Gott" selbst zusammen, denn dieser wird zum Beispiel bei Paulus im Römerbrief (4,17) als der bestimmt, „der die Toten lebendig macht und das, was nicht ist, ins Dasein ruft". Schöpfung, Gott und Auferstehung lassen sich nur aus ihrem inneren Verhältnis zueinander verstehen.

Macht und Ohnmacht eines Wortes

Ein solcher Versuch der Rückkehr zur Einfachheit und Vieldimensionalität des Wortes „Auferstehung" als einer Antwort auf die Todesfrage könnte vielleicht für unsere Schwierigkeiten mit dem Osterglauben hilfreich werden. Vermutlich muss der Weg immer wieder durchschritten werden, diesem Wort von seinem gewöhnlichen und gleichnishaften Grundsinn bis zur Grenze seiner Aussagekraft hörend nachzudenken. Selbstverständlich darf das Wort von der „Auferweckung/Auferstehung" nicht werden, am allerwenigsten bei der Rede von der Auferwe-

ckung Jesu Christi. Denkt man diesem Wort jedoch im Horizont der Todeserfahrung des Menschen nach, dann offenbart es im Lichte des Christusgeschehens auch heute durchaus Aussagekraft und Prägnanz. In diesem Sinn ist es zwar durch andere Worte erhellbar, aber es besteht kein Grund, es schlechthin zu ersetzen. Auch die „Ersatzworte" gehen auf Krücken und müssen erläutert werden – andernfalls täuschen sie erst recht. Bei diesem Gang könnte es dann auch gelingen, in die Nähe der absoluten Konzentration auf das hingeführt zu werden, was der gläubige Beter des Alten und Neuen Testaments als *Leben* im Vollsinn ergriffen hat.
Wer eine solche elementare Grunderfahrung machen darf, kann offenbar viele einzelne „Vorstellungen" in der Ausschau nach einem „jenseitigen" Gericht oder nach endgültiger Bestrafung und Belohnung eher entbehren. Er weiß, worauf es ankommt. Wenn wir skeptisch bleiben und glauben, dass man vom „ewigen Leben" weniger im Detail weiß, als man gewöhnlich meint, und wenn wir gerade darum den

Mut haben, auf das konkrete Geschick Jesu Christi zu blicken, können wir mitten in unserem gegenwärtigen Leben durch den Glauben an ihn die auch heute lebendige Wirklichkeit seiner Auferstehung erfahren: „Wer mein Wort hört und dem glaubt, der mich gesandt hat, der *hat* ewiges Leben, und in ein Gericht kommt er nicht, sondern er ist aus dem Tod ins Leben hinübergegangen“ (Joh 5,24).
Dies wäre die höchste Erfüllung unseres Wortes. Dazu gibt es nicht unwesentliche Vorformen, nämlich überall da, wo Widrigkeit, Verhärtung, selbstisches Interesse, Hass überwunden werden und die Forderung des Guten durch alle Enttäuschungen hindurch im Menschen siegreich bleibt. Das christliche Wort von der Auferstehung möchte das tiefste Beispiel und den letzten, untäuschbaren Grund solchen Mutes beim Namen nennen: Jesus Christus.

IV.
Auferweckt am dritten Tag nach der Schrift

Eine uralte, wenig bedachte Credo-Aussage

„Was bedeutet die Auferstehung nach drei Tagen? ... Warum war Christus eben drei Tage tot und nicht zum Beispiel zwei oder fünf?" Viele werden diese Frage des jugoslawischen Marxisten B. Bošnjak für töricht halten. Schon Kinder wissen ja, dass zwischen Karfreitag und dem Ostersonntag ein dreitägiger Zeitraum verbleibt, wenigstens nach jüdischer Zeitrechnung, welche die angebrochenen Tage als ganze zählt. In der Tat machen wir Christen aller Konfessionen uns über diese historische Fragestellung hinaus wenig Gedanken über den wahren Sinn der Aussage, „dass Christus auferweckt wurde am dritten Tag nach der Schrift" (1 Kor 15,4b). Jeden Sonntag bekennen wir im Credo der Kirche diesen Glaubensartikel. Er reicht in seiner Grundaussage in die Zeit vor der Bekehrung des Paulus zurück, also wohl bis zum Anfang der Vierzigerjahre unserer Zeitrechnung. Viele Überlegungen heften sich später an diese Bekenntnisformulierung, zum Beispiel die Anschauung von einem dreitägigen Verweilen Jesu Christi im Reich des Todes zwischen Karfreitag und Ostern. Indessen kann man auch etwas bescheidener nach dem ursprünglichen Grundsinn dieser Wendung „auferweckt am dritten Tag nach der Schrift“ suchen.

Die reiche Bedeutung der Dreizahl

Nirgends wird uns im Neuen Testament etwas gesagt von einem chronologisch verstandenen Zeitraum „drei Tage“ zwischen dem, was wir heute Karfreitag und Ostersonntag zu nennen gewohnt sind. Und im Übrigen werden immer nur die *Erscheinungen* des Herrn zeitlich auf den „ersten Tag der Woche“, das heißt den später Sonntag genannten Zeitpunkt, datiert. In den Ostererzählungen ist nur die *Auferweckung* Jesu, die ja von seinen Erscheinungen unterschieden wird, mit der Wendung vom „dritten Tag“ verbunden. Das Ereignis der Auferweckung Jesu entzieht sich jedoch völlig allen menschlichen Vorstellungen und damit auch allen irdischen

Zeitmaßen. Nie wird es im Neuen Testament beschrieben, und keiner war dabei. Man hat deswegen nicht ganz zu Unrecht angenommen, der Ausdruck „am dritten Tag“ sei zunächst in seiner ursprünglichen Bedeutung nicht im Sinn einer historischen Zeitangabe zu verstehen. Die Zahl drei sei eine allgemeine symbolische Ausdrucksweise für eine „runde Zahl“, einen bestimmten Zeitraum, eine kleine Weile oder eine unerhört kurze Frist. Religionsgeschichtliche Untersuchungen wollten wissen, die gesamte Redewendung sei vom Mythos des sterbenden und auferstehenden Vegetationsgottes der vorderorientalischen Mysterienreligionen auf Jesus Christus übertragen worden, um so im Gleichnis der auf- und untergehenden Natur den Tod und die Auferstehung des Herrn zu veranschaulichen. Eine andere religionsgeschichtliche Herleitung wollte sie auf die alte persisch-jüdische Überzeugung zurückführen, die Seele verbleibe nach dem Hinscheiden noch drei Tage in der Nähe des Leichnams, erst danach könne man in endgültiger Weise von Tod sprechen. Aber diese Erklärungsversuche übernimmt heute in dieser Weise niemand mehr ernstlich.

„Nach der Schrift"

Lange blieb auch wenig beachtet, dass an der ältesten Fundstelle unserer Wendung, im ersten Korintherbrief, ein Hinweis gegeben ist: „auferweckt am dritten Tag *nach der Schrift*". Doch findet sich dazu kein deutlicher Bezugspunkt im Alten Testament. Zwar kennen wir von Matthäus 12,40 eine auf Christus bezogene Auslegung des Jona-Schicksals (vgl. Jona 2,1): „Denn wie Jona drei Tage und drei Nächte im Bauch des Meerungetüms war, so wird der Menschensohn drei Tage und drei Nächte im Schoß der Erde sein." Doch ist diese Deutung ziemlich spät und kommt für sich allein und isoliert aus vielen Gründen ebenso wenig in Frage wie die folgende Interpretation. Viele Exegeten denken nämlich auch an eine Anspielung auf ein kurzes Bußlied aus dem Propheten Hosea, das in der Liturgie der katholischen Kirche am Karfreitag als Lesung dient: „Kommt, lasset uns umkehren zum Herrn; denn er hat zerrissen, er wird uns heilen; er hat geschlagen, er wird uns verbinden. Nach zwei Tagen wird er uns neu beleben, am dritten Tag uns wieder aufrichten, dass wir leben vor ihm“ (6,1–2).

Innere Vieldeutigkeit und tiefere Bedeutung

Sieht man sich in der Schrift etwas genauer um, dann entdeckt man zunächst eine auch sonst bekannte Mehrdeutigkeit der Wendung von den drei Tagen in der menschlichen Rede. Ein Hungriger, der drei Tage lang ohne Speise und Trank durch die Wüste irrt, verbringt eine lange Zeit der Not. Wenn ein Schwerkranker am dritten Tag wieder in den Tempel gehen kann, ist dies eine erstaunlich kurze Zeit. Diese Beispiele bringen etwas Eigentümliches zum Vorschein: Es kommt offenbar nicht so sehr auf die mit der Uhr gemessene Zeit an, sondern auf das durch diesen Zeit-Raum bezeichnete Geschehen, das den Menschen vor ein Äußerstes bringt. Zugleich schließt die Aussage den Standort des Betroffenen ein. Was für den einen lange Zeit dauert, bedeutet für den anderen eine verschwindend kurze Zeit. Dasselbe findet sich auch im Neuen Testament. Wenn Josef und Maria den Zwölfjährigen drei Tage lang in Jerusalem suchen müssen, so bedeutet dies für sorgende Eltern eine unheimlich lange Zeit (vgl. LK 2,46). Wenn Jesus sagt, dass er den Tempel in drei Tagen wieder aufbaue, dann ist diese fast unverständliche Aussage Ausdruck eines ganz außerordentlichen Werkes (vgl. Joh 2,19–22). Aber bleiben wir noch etwas im Alten Testament. Es gibt dort nämlich eine Reihe von Ereignissen, die für die alttestamentliche Heilsgeschichte von ganz besonderer Bedeutung sind und die jeweils mit der Kennzeichnung versehen sind, dass die Wende zum Besseren oder gar zum Heil „am dritten Tag“ erfolgt. Abraham und Isaak gehen gehorsam drei Tage zum Berg, bis sich die schonende Barmherzigkeit Gottes zeigt (vgl. Gen 22,4); drei Tage warten Mose und das Volk, bis Gott die heilschaffende Weisung am Sinai gibt (vgl. Ex 19,11.16); im Wirken der großen Gestalten, wie zum Beispiel des ägyptischen Josef (vgl. Gen 42,18) und der Ester (vgl. Ester 5,1), stellt der dritte Tag die Zeit des Heils dar. Diese Zeugnisse ließen sich leicht vermehren.

Tag der Heilswende

Dem frommen Israeliten fiel diese seltsame Auszeichnung des „dritten Tages" in der Schrift auf. Diese Zeit erwies sich in der Geschichte des erwählten Volkes oft als der Tag der Heilswende, nämlich Befreiung aus drohender Gefahr und tiefer Not. Zugleich wird damit die Erfahrung gemacht, dass allein Gott in dieser Situation Hilfe und Rettung bringt. Aus dieser wiederholten Erfahrung wagt es der Glaube des nachbiblischen Judentums, diese feste Hoffnung in folgenden Verheißungsaussagen niederzulegen: „Niemals lässt Gott die *Gerechten* länger als drei Tage in Not"; „nie befinden sich die *Israeliten* in Not länger als drei Tage". Diese Glaubenserfahrung findet man zwar in dieser Form nicht mehr in der uns überlieferten Gestalt des Alten Testaments, aber sie gehörte vermutlich zur Zeit Jesu zum genaueren Verständnis der Geschichte der großen Gestalten Abraham, Isaak, Josef und Ester.

Die Not Jesu als des Gerechten

Damit sind wir auch bei dem wahrscheinlich ursprünglichen Sinn unserer alten Bekenntnisformulierung „auferweckt am dritten Tag nach der Schrift". In Jesus Christus ist die beschriebene Heilshoffnung sogar in einem ganz ungewöhnlichen Maß erfüllt. Bei den Beispielen des Alten Bundes handelte es sich ja um eine vorübergehende Zeit des Unheils oder des Fluchs, die nun eine Wende erhält. Gewiss kommt Gott auch hier gänzlich unerwartet und in äußerster Bedrängnis. Er schafft jedoch nochmals eine Wende *in der Geschichte* und *in* der bestehenden Situation. Jesu Lage hingegen änderte sich nicht mehr. Niemand hat ihn vom Kreuz heruntergeholt. Sein Tod ist das Ende. Gott ist offenbar *nicht* im Tod dieses Gerechten.

Es ist gut, wenn wir ein wenig bei diesem ärgerniserregenden Gedanken verweilen. Jesu Tod wird so in seinem ganzen Schwergewicht erkannt. Das Leiden ist nicht bloß die kurze Zeit der Qual, das Durchgangstor zum Sieg. Die Bestimmung der „drei Tage" bringt die Tiefe dieses Scheiterns und den Ernst dieses Endes zur Anschauung. Sie verlängert und erhellt diesen Tod in seiner menschlichen Ausweglosigkeit und Sinnlosigkeit: „Wir aber hofften, dass er es sei, der Israel retten werde. Und außerdem ist heute schon der dritte Tag, seit dies geschehen ist", so unterstreichen die Emmausjünger die äußerste Vergeblichkeit ihrer Hoffnung (vgl. LK 24,21).

Absolute Rettung aus letzter Ausweglosigkeit

Aber schon in den vorher aufgeführten Beispielen des Alten Testaments war ein solches nahendes Ende in einer eigentümlichen Verhüllung das Ereignis verborgener Rettung. Mindestens eine Wende zum Besseren kündigt sich an. Bei Jesus radikalisiert sich dies: In der tiefsten Aussichtslosigkeit des Todes zeigt sich die außerordentliche und übermächtige Heilstat unerwartbarer göttlicher Rettung. In Jesu Tod ist dies eine einmalige Tat, nicht nur grundlegende Besserung einer unheilvollen Lage oder Übergang von einer notvollen Situation zur Überwindung der Gefahr. Hier ereignet sich das Paradox, dass sich mitten in der offenbaren und letzten Vergeblichkeit menschlicher Geschichte Gottes Treue bewährt, in der äußersten Gottverlassenheit sich volle und reinste Rettung kundtut und der Tod durch den Tod besiegt wird. Eine absolute Wende, die eine solche vom Menschen her nicht leistbare und von seiner eben erfahrenen Ohnmacht nicht einmal erwartbare Endgültigkeit der Geschichte eines Menschen bedeutet und ihm unverlierbares Leben gewährt, heißt mit Recht Auferweckung bzw. Auferstehung. Wo die Erniedrigung so tief ist, werden auch die „Erhöhung“ und die Rechtfertigung dieses Lebens in ihren außerordentlichen Dimensionen offenbar.

Der theo-logische Sinn

Diese Rettung vollzieht sich jedoch streng im Bereich Gottes. Es ist dies ein apokalyptisches Ereignis. Die Redewendung vom „dritten Tag“ tut hier einen großen Dienst: Sie betont die – menschlich gesehen – unüberwindbare Notsituation und die Erfahrung letzter Hilflosigkeit und besagt zugleich dennoch unerschütterliche Glaubensgewissheit und feste Heilshoffnung. Dieses Phänomen wird in seiner äußersten Spannung und in seiner tiefsten Einheit durch die zeichenhafte Bestimmung „am dritten Tag“ umgrenzt und festgehalten, ohne dass der Ernst des Todes *oder* die Gewissheit des Sieges Jesu verloren gehen.

Wer möchte jetzt behaupten, diese Bestimmung der drei Tage sei „mythologisch“? Weil sie die äußerste Widersprüchlichkeit dieses *einen* Geschehens sagt, das in der Geschichte sich ereignet und diese gleichzeitig von innen her überschreitet und vollendet, wird man auch nicht leichthin sagen, diese Formulierung sei „symbolisch“ im üblichen Sinn. Sie hat ihre einzigartige Bedeutung. Wer sie „nur“ historisch oder „irgendwie“ wörtlich verstehen möchte, bleibt an der banalen Oberfläche. Unser Glaubensartikel weist auf das eschatologisch verborgene Geschehen der Auferweckung allein durch Gottes Tat hin, aber er beschreibt es nicht. Obgleich er also einen strikt theologischen, Gottes eigene Wirklichkeit betreffenden Sachverhalt meint, kann dies nur in wahrhaft menschlicher Rede erfolgen. So markiert diese Formulierung den Übergang (Transzendenz) zwischen dem raumzeitlich bezogenen Ausgangsort all unseres Sprechens und der Unmöglichkeit, das streng theologische Ereignis der Auferweckung in Raum und Zeit hinein fortzusetzen und so auszusagen.

Neue Akzente in unserem Jesusbild

Von dieser eigenen Zusammengehörigkeit von Kreuz und Auferstehung kann der christliche Glaube heute nur lernen. Menschliche Verlorenheit und erlittenes Unrecht im Geschick Jesu treten so deutlicher hervor. Ohnmacht und Erniedrigung Jesu steigern sich, indem von der Auferweckung „am dritten Tag" gesprochen wird. Das Leid und der Tod werden in ihrer uneingeschränkten und offenen Realitätstiefe ausgelotet. Jeder vorschnellen Glorifizierung des Kreuzes und jeder unbehutsamen Rede von der Auferweckung wird ein Riegel vorgeschoben. Nur so kann Hilfe in der Not wirklich unerwartet als absolute Rettung erfahren werden. Dies alles wird von Paulus zu einer letzten und äußerst knappen Verdichtung gebracht, die allerdings jetzt erst voll entfaltet werden kann. Isaak brauchte nicht geopfert zu werden; Jona wurde wieder dem Leben zurückgegeben, und das zerschlagene Volk von Hosea 6,1–2 wird wieder heil. „Er (aber), der seinen eigenen Sohn nicht schont, sondern ihn für uns alle dahingegeben hat, wie sollte er uns nicht auch alles schenken?" (Röm 8,32). Die äußerste Verlorenheit und die letzte Hingabe Jesu Christi werden der verborgene Grund der unbegrenzten Liebe Gottes zu allen Menschen. Die Aussage „auferweckt am dritten Tag nach der Schrift" kündet den

ganzen Trost der Auferstehungshoffnung: Keine Not ist so tief, dass sie nicht in Jesus Christus und in seinem Geist überwunden werden könnte; auch in Situationen ganz unerwartbarer Hilfe und purer Ausweglosigkeit – selbst durch den unverstandenen Tod hindurch – gibt es die Verheißung der absoluten Rettung und eines uns jetzt vielleicht noch verborgenen Sinnes. Auf Hoffnung hin sind wir erlöst, doch ist diese Hoffnung seit Jesus Christus zu einer unerschütterlichen Gewissheit berechtigt.
Dies sind nur einige verschüttete Dimensionen des Glaubensartikels „auferweckt am dritten Tag nach der Schrift", diesmal auf die Bestimmung vom „dritten Tag" hin gedeutet. Die Formel hat auch im Neuen Testament noch eine lange und komplizierte Geschichte durchgemacht. Der ursprüngliche Sinn wurde aber offensichtlich bald vergessen und nicht mehr verstanden. So hat sich auch die Kirche im Lauf von bald zweitausend Jahren nicht viele Gedanken gemacht über den genauen Sinn gerade dieser Redewendung in der Schrift. Gleichwohl hat sie Recht getan, sie

in ihrem großen Gedächtnis zu bewahren. Das Wort Gottes erweist sich in mannigfacher Hinsicht als unerschöpflich. Eine seltsame Christologie und Theologie der Auferstehung stehen hinter dieser Wendung. Sie können uns einen eigenen Wink geben, wie man heute christlich von der Auferweckung Jesu Christi sprechen kann und soll. Von diesen verborgenen Anfängen her können wir dann die späteren Formeln besser entziffern. Nur im Miteinander aller Aussagen der Schrift über Jesus Christus eröffnet sich die volle und ganze Wahrheit. Dies gilt erst recht von Kreuz und Auferstehung als der Mitte seines Lebens.

V.
Die Erscheinungen des Herrn

Gebrochenes Verhältnis zum Auferweckten

Die sonderbaren Erzählungen der Ostererscheinungen des Herrn stellen uns unvermeidlich immer wieder vor die Frage: Was war damals wirklich los? Die Apostel reden von Jesus; plötzlich steht er mitten unter ihnen; dennoch erkennen sie ihn nicht sofort; er isst mit ihnen und spricht zu ihnen. Die eigenartige Mischung der Aussagen über seine Gegenwart macht uns zu schaffen: Fremdheit wechselt mit Vertrautsein; er zeigt sich ganz deutlich und nimmt plötzlich die Gestalt seiner Anwesenheit wieder zurück; er lässt sich berühren und verweigert gleichzeitig den nach Sicherheit strebenden Kontakt. So seltsam es zugehen mag, er ist dennoch nicht mit einem Geist oder Gespenst zu vergleichen. Er wird nicht sofort erkannt; erst wenn er etwas Bedeutungsvolles *tut*, zum Beispiel beim Friedensgruß oder beim Brotbrechen, geht den Jüngern auf, *wer* er ist. Man muss ihn wiedererkennen und steht also trotz alter Bekanntschaft in einem merkwürdig gebrochenen

Verhältnis zu ihm. Er ist jetzt anders, obgleich er derselbe ist.

Einfache, aber keineswegs simple Antwort

Die frühesten Formen der Osterbotschaft verkünden einfach, aber entschieden: Er erschien dem Simon Petrus, den Zwölfen, dem Jakobus und anderen Genannten. Offenbar wurden diese Begegnungen angezweifelt. Man hat sie mit Geistererscheinungen verglichen, von denen die Leute auch damals sich erzählten. Man hat wohl auch bestritten, dass derjenige, der sich so zeigte, im Ernst *der* Jesus sei, mit dem die Jünger früher Umgang hatten. Sein Tod war fest verbürgt – was sollte also nun die konkrete Leibhaftigkeit seines Umgangs mit den angeblichen Zeugen? Waren es am Ende nur *innere* Erlebnisse der Jünger aus der verständlichen Überzeugung, Jesu Leben und Botschaft könne doch nicht vergeblich gewesen sein? Die frühe Christenheit hat auf diese kritischen Fragen und tief sitzenden Zweifel behutsam geantwortet. Es wäre – was wir so oft erwarten – in ihren Augen nicht überzeugend gewesen, ein eindimensionales und protokollartiges Bild von dem Geschehen zu geben, selbst wenn man dies vermocht hätte. Natürlich hat man sich gegen allerhand umlaufende Behauptungen gewehrt. Aber neben den apologetischen Tendenzen (vgl. LK 24,41ff.) stehen das Bekenntnis „Mein Herr und mein Gott!“ (vgl. Joh 20,28), der Segensgruß, der Friedenswunsch, das gemeinsame Mahl, der Missionsbefehl und Unterweisungen verschiedener Art.

Das andere Interesse der Verfasser

Der Eindruck bleibt im Ganzen sonderbar, solange wir uns mit unseren Vorstellungen von einem historischen Ereignis dem Sachverhalt nähern. Offenbar haben auch die Verfasser kein unmittelbares Interesse, ein exaktes Bild des Ablaufs zu geben. Vieles bleibt nämlich unausgeglichen nebeneinander stehen, und zwar so, dass es niemand zu stören scheint. Die Spannungen im Ganzen werden nicht retuschiert. Wir dürfen daraus vorsichtig den Schluss ziehen, dass es den letzten Bearbeitern der Erzählungen nicht darum ging, einzeln festzulegen, *wie* die Erscheinungen zustande kamen und auf welche Weise dies alles geschah. Dafür scheint jedes Detail und jede Geschichte für sich gleichsam das Ganze zu umreißen: Der auferstandene Herr tröstet die weinende Frau. Er legt den Jüngern die *ganze* Schrift des Alten Testamentes aus. Er gibt ihnen den Auftrag zur Verkündigung an alle Welt.

Geheimnis der Auferweckung und Erscheinungen

Nichts wird von dem geboten, was die Menschen erwarten, wenn einer aus dem Tod zurückkehrt. Nichts wird zur näheren Erklärung der Katastrophe am Kreuz erzählt. Kein Wort fällt darüber, wie es wohl „auf der anderen Seite" des Lebens aussehen könnte. Die Offenbarer anderer Religionen enthüllen in solchem

Zusammenhang die ganze Himmelspracht, die Mythologien werden Legion. Nichts von alledem wird berichtet. Keine Andeutung wird über das in Gott verborgene Ereignis der Auferstehung selbst gemacht. Das Einzige, was sich von diesem Geheimnis enthüllt, offenbart sich in den Erscheinungen. Sie bezeugen die Macht der Auferstehung, so wie diese in die Geschichte der Welt und der Menschen hinein wirksam wird. Das Auferstehungsereignis und die Erscheinungen sind zwar unlöslich miteinander verbunden, aber sie fallen nicht zusammen. Die Erscheinungen selbst sind der „Übergang" und das Zeugnis von der absolut verborgenen Herrlichkeit Gottes, in deren Geheimnis die Auferstehung sich ereignet, in die raumzeitliche Geschichtswelt. In diesem Her-vor-gang in unsere Geschichte hinein bekundet sich das, was die Auferstehung für uns bewirkt und uns bedeutet.

Die Hintergründigkeit der Einfalt

Man hat oft gemeint, man müsse die Glaubwürdigkeit der Ostererzählungen dadurch retten, dass man auf die Unbeholfenheit und die Naivität ihrer Verfasser aufmerksam macht, die eben ungeschickterweise solche unausgeglichenen Bilder hinterließen. Befreiung von den Widersprüchen würde dann mit Hilfe beflissener Apologetik auf das wirkliche Geschehen zurückführen. Wenn man aber sehr sorgfältig die Gesamtsituation der Erzählungen und die Konstellation der einzelnen Aussagen zueinander betrachtet, dann merkt man, dass die „Einfalt" der Verfasser hintergründig ist.

Das Anhauchen bei der Geistverleihung und die drastische Realistik beim Mahle des Auferstandenen unterstreichen die Wirksamkeit seines Tuns und die Unbestreitbarkeit seiner segensvollen und konkreten Gegenwart. Was uns massiv und handfest vorkommt, wie zum Beispiel das Darbieten der Wunden in der Geschichte mit Thomas, betont die unleugbare Gewissheit seiner Erscheinung, ähnlich wie einer nur durch die leibhaftige Präsenz eines anderen von dessen Ankunft überzeugt werden kann. Aber sobald jemand diese Übermächtigkeit der Erscheinung Jesu in innerweltlichen und gewohnten Vorstellungen fixieren möchte, ist er seiner nicht mehr sicher. Sie sprengt alle Erwartungen und lässt sich – einmal erkannt – nicht „einordnen“. Plötzlich tritt Jesus trotz verschlossener Türen in ihre Mitte. Unerkannt begleitet er die Jünger auf dem Weg nach Emmaus. Es ist überhaupt seltsam in den Erzählungen, dass er mehrfach gerade dann entschwindet, wenn er erkannt wird. In der Evangeliumsfassung der nur von Lukas (vgl. 24,50ff.) erzählten Erhöhung in den Himmel zeigt sich dann dieses Entschwinden besonders eindrucks- und bedeutungsvoll: Indem er sich den Jüngern entzieht, segnet er sie und verheißt beim Abschied seine bleibende und wirksame Gegenwart.

In die Welt hinein, jedoch nicht von ihr

Das Kommen und Entschwinden, der Zug nach Galiläa und der Gang auf den Berg, diese unscheinbaren Details haben ihren eigenen Sinn. Bestimmungen dieser Art – einschließlich der Orts- und Zeitangaben – werden in einer eigentümlichen Schwebe gehalten zwischen einer konkret-geschichtlichen Darstellung der Erscheinungen und theologisch orientierten Sinndeutungen für diese „Angaben". Dies kann man an der Rede von Galiläa, von Jerusalem, vom Abend und vom „dritten Tag" eingehend zeigen.

Damit will offenbar ein Zweifaches gesagt sein: Die Bezeugung der Auferweckung Jesu Christi durch die Erscheinungen erfolgt in den Zeit-Raum der menschlichen Geschichte hinein. Die Welt wird also wirklich betroffen von dem, was sich hier ereignet hat. Darin kommt zugleich der unabdingbare Ernst und der fordernde Anspruch des Auferstandenen auf den Gehorsam des leibhaftig existierenden Menschen zum Ausdruck. Der auferstandene Herr greift nach uns und nach dieser Welt. Indem sich das Ereignis der Auferstehung durch diese wesentliche Richtung in die konkrete Welt hinein ungeschützt, dicht und direkt in den Bereich menschlicher Geschichte, Mitwelt und Sprache hinein verwirklicht und aussagt, muss es sich aber anderseits zugleich wieder im Durchbrechen der gebrauchten Vorstellungen seine unverwechselbare Eigentümlichkeit gleichsam zurückholen und bewahren. Durch die Notwendigkeit beider Bewegungen entsteht jene besondere Art des Sprechens vom Auferstandenen, die zunächst nur widersprüchlich und „unklar" anmutet, in der Tat aber allein diesem geheimnisvollen Ereignischarakter der nachösterlichen Begegnungen gerecht zu werden vermag.

Erscheinungen als Heilsgegenwart

In den Erscheinungen des Herrn kommt für uns die Auferweckung zu ihrer geschichtlichen Manifestation. Vom Menschen her gibt es zunächst keine Hoffnung und keine Erwartung jener Botschaft, dass Jesus *nicht* im Tode geblieben sein könnte. Der erscheinende Herr muss vielmehr erst Furcht, Entsetzen, Zweifel und Unglauben überwinden, damit die Frauen und Jünger sehend werden und glauben können. Es gehört zum Wesen der Erscheinungen des Herrn, dass *er* sich selbst und aus eigener Initiative bekundet und seine neue Wirklichkeit eröffnet. Die Erscheinungen Jesu sind nicht bloß eine „Tatsache“ – ein bisschen anders als sonst, aber grundsätzlich gleich wie alles, was geschieht –, sodass nur die formale und äußere Glaubwürdigkeit zu erweisen wäre.

Dass Jesus überhaupt aus dem sicheren Tode als Sieger *erscheint*, erweist sich von Anfang an als ein heilsbedeutsames Ereignis. Gott steht auf seiner Seite, und sein Leben ist gerechtfertigt. Indem er seinen Jüngern gegenwärtig wird, bringt er schon durch sein Kommen Heil und Leben für sie mit. Sein Erscheinen ist die verborgene Geburtsstunde des *Glaubens* der Jünger an ihn. Vorher hieß das Verhältnis Schicksalsgemeinschaft, Gefolgschaft, Mitwandern und Nachfolge. Aus diesem Grund hat man schon seit längerer Zeit im ältesten Bericht von den Erscheinungen Jesu (bei Paulus im 15. Kapitel des 1. Korintherbriefes) mit Recht das Fundament der Kirchengründung gesehen, nämlich die Gewährung neuer und huldvoller Heilsgegenwart. Indem der Gekreuzigte sich so als der Sieger über den Tod, den letzten Feind, bekundet, erweist er sich als der Kyrios, der Herr. Es ist darum kein weiter Weg mehr bis zu jenem grundlegenden Wort über seine weltweite Herrschaft: „Mir ist alle Gewalt gegeben im Himmel und auf Erden“ (Mt 28,18).

„Sendung“ als Ziel der Erscheinungen

Diese Sicht bringt uns nun zum Ziel unserer Überlegungen: Die Erscheinungen Jesu Christi können nämlich erst dann sachgemäß verstanden werden, wenn sie als Bezeugung und Mitteilung der Wirklichkeit der Auferstehung erkannt und angenommen werden. Jede Erscheinung stellt also eine Glaubensaufforderung dar. In der Tat wird sie im Neuen Testament nur Menschen zuteil, die nach unseren Feststellungen zum Glauben gelangten. Das Erscheinen Jesu zielt auf die Mitte der menschlichen Existenz, sowohl des Einzelnen als auch der gläubigen Gemeinschaft, und *durch* deren Zeugenschaft auf die Öffentlichkeit der Welt. Dies heißt aber, dass die Erscheinungen als solche *nur in Sendung und Auftrag* die so genannte „Wirklichkeit“ des Auferstandenen sichtbar machen. Das Neue Testament ist an einem puren „An-sich“ dieser Realität nicht interessiert. Jede Erscheinung Jesu Christi stellt zuerst in die Sendung, und die Herrschaft dieses Siegers strebt nur dahin, dass ihm Menschen *dienen*.

Von dieser Eigenart der Erscheinungen her muss sich also unsere eingangs gestellte Frage verändern, was denn eigentlich „los“ sei in den uns berichteten Offenbarungsgeschichten des auferweckten Herrn. Jetzt ist nämlich deutlich, *warum* das Neue Testament ursprünglich mehr Gewicht legt auf die *Berufung* und *Sendung* der Glaubenden und auf das Zeugnis derer, die ihn „gesehen“ haben, als auf eine äußerliche Bekundung der „Realität“ der Auferstehung. Wer sich bei der Verkündigung der Ostererzählungen nicht von solcher beanspruchender Sendung betreffen lässt, geht an der „Wirklichkeit“ der Erscheinungen vorbei.

Einübung in den Dienst des Glaubens

Diesen Grundsachverhalt beweist uns das Neue Testament gerade durch die Art seiner Erzählungen. Die Erscheinungsgeschichten sind keine nachträglich fromm-erbaulich ausgestatteten Ausschmückungen der Osterereignisse. Sie sind im Grunde nicht verstanden, wenn man sie weitgehend oder zuerst als „private Erlebnisse“ deutet. Was sich vom auferstandenen Herrn her begibt, fordert *von sich aus* kein distanziertes und neutrales, nur „objektives“ und allgemeines „Betrachten“, sondern unmittelbar eine solche Antwort, welche die Annahme des in der Erscheinung Gesehenen und Gehörten bedeutet und selbst zu ihrer Darstellung und Verkündigung wird. Dann erst geht die „Sache Jesu“ weiter. Deswegen ist es vom ursprünglichen Sinn der Erscheinungen her ganz konsequent, dass ihre Erzähltraditionen ein dichtes und eng verknüpftes Gewebe von Missionsauftrag, Gemeindeverkündigung, Unterweisung, Kultüberlieferungen, Bekenntnissituationen, Hymnen und gottesdienstlichem Lobpreis darstellen. Hier ist der „Sitz im Leben" aller späteren Äußerungen dieser und ähnlicher Art. In diesen Erscheinungen übt der Herr seine Jünger in den endgültigen Dienst des Glaubens ein.

Der Gehorsam der Jünger

Zeugnis, Herrenmahl, Sündenvergebung und Mission sind nur Stichworte dafür, dass die Jünger im Umgang mit dem auferstandenen Herrn verstanden haben, worauf es ankommt. Wenn von den Erscheinungen des Herrn her nicht eine verkündigende und missionierende Kirche geworden wäre, gäbe es kein Neues Testament und auch kein Osterfest. Von daher bleibt auch für uns der Schluss des Matthäusevangeliums immer noch eine unüberbietbare Verdichtung dessen, worum es in den Erscheinungen des Herrn geht: „Mir ist *alle* Gewalt gegeben im Himmel und auf

Erden. *Darum* gehet hin und machet alle Völker zu Jüngern und taufet sie auf den Namen des Vaters und des Sohnes und des Heiligen Geistes und lehret sie *alles* halten, was ich euch befohlen habe, und siehe, ich bin bei euch *alle* Tage bis an das Ende der Welt“ (Mt 28,18–20).

Hinweise

Passion und Kreuz geht auf eine Homilie zurück, die unter dem Titel „Leiden und Kreuz des Menschensohnes“ innerhalb eines Zyklus von Fastenpredigten im Münster zu Freiburg i.Br. am 14. April 1973 gehalten wurde.

Gott im Leid stellt ein für die Zielsetzung dieses Bandes umgearbeitetes Teilstück des Referats „Zur theologischen Sinndeutung des Leidens“ dar, das am 2. November 1974 im Rahmen einer Tagung der Katholischen Akademie der Erzdiözese Freiburg zum Thema „Krankheit und Leid“ gehalten und am 7. November 1974 vor den Mönchen der Erzabtei St. Martin in Beuron wiederholt wurde. – Zum erweiterten Kontext vgl. K. Lehmann, Wandlungen der neuen „politischen Theologie“, in: Internationale katholische Zeitschrift „Communio“ 2 (1973) 385–399; Emanzipation und Leid, ebd. 3 (1974) 42–55 (mit umfassenden Literaturangaben).

Das Wort von der Auferstehung erschien in einer ersten Fassung unter dem Titel „Auferstehung Jesu Christi. Rückkehr zur Einfachheit der Worte“ in der Osternummer der „Rheinischen Post“ Nr. 73 vom 28.3.1970 (Teil „Geist und Leben“).

Auferweckt am dritten Tag nach der Schrift ist aus einer Osterbetrachtung hervorgegangen, die der Saarländische

Rundfunk am 29.3.1970 ausstrahlte. – Der exegetische und theologische Hintergrund der in dieser Meditation vertretenen Deutung ist ausführlich dargelegt bei K. Lehmann, Auferweckt am dritten Tag nach der Schrift. Früheste Christologie, Bekenntnisbildung und Schriftauslegung im Lichte von 1 Kor 15,3–5 = Quaestiones disputatae 38 (Freiburg 1968, ^{2}1969).

Die Erscheinungen des Herrn gibt den überarbeiteten Text einer Meditation wieder, die am 29.3.1970 vom Süddeutschen Rundfunk gesendet wurde. – Das Thema ist umfassender behandelt bei K. Lehmann, Die Erscheinungen des Herrn. Thesen zur hermeneutisch-theologischen Struktur der Ostererzählungen, in: H. Feld/J. Nolte (Hrsg.), Wort Gottes in der Zeit. Festschrift K. H. Schelkle (Düsseldorf 1973) 361–377.

Der Text wurde erstmals veröffentlicht in *Karl Lehmann, Jesus Christus ist auferstanden. Meditationen*.

Umschlag: Finken & Bumiller Stuttgart unter Verwendung eines Bildes von © Stefan Weigand
Satz: Olschewski Medien Stuttgart
Druck und Bindung: Made in Europe.

ISBN 978-3-460-**23404**-8
VERLAG KATHOLISCHES BIBELWERK Stuttgart
www.bibelwerk.de / impuls @bibelwerk.de

ISBN 978-3- 86534-163-1
ars liturgica BUCH- & KUNSTVERLAG Maria Laach
www.ars-liturgica.de/ versand@ars-liturgica.de